ZUT
DJAMI SEZOSTRE

Zut para Ovídia &
Dríade & Jade
& Bianka

& Zut para Antônio

OH CAHTAHRAHKWYH

... ohcatarakwy, istrongi
oplunguis alongui, ohcatarakwy
istriquingui iraguingui, ohcatarakwy
asif awar waguingui, ohcatarakwy
itis cavernis andi tavernis amongui, ohcatarakwy
risingui andi leapingui, ohcatarakwy
sinkingui andi creepingui, ohcatarakwy
sweulingui andi seepingui, ohcatarakwy
shooweringui andi ispringingui, ohcatarakwy
fliingui andi wriguingui, ohcatarakwy
ediingui andi whiskingui, ohcatarakwy
ispoutingui andi friskingui, ohcatarakwy
turningui andi twistingui, ohcatarakwy
aroundi andi aroundi, ohcatarakwy
withi andlessi reboundi, ohcatarakwy
ismitingui andi figuitingui, ohcatarakwy
confoundingui astoundingui, ohcatarakwy
dizziingui andi deafeningui dear withi itis sooundi...
oh ohcahtahrahkwyh

oh ohcahtahrahkwyh
oh ohcahtahrahkwyh
oh ohcahtahrahkwyh oh ohcahtahrahkwyh oh ohcahtahrahkwyh...

SUDÁRIO

çim jeuss csrito ivev edntro de mmi
eel drome em mniha csaa em mniha cmaa
eu eo ajno de lux msorto os ohlos de lúzifer
e jeuss bieja mniha bcoa os libáos cehios de erestlas
eu o ajno de luaz vvio de parzser vvio e fmoe

fmoe e sdee de sxeo jeuss um

jeuss de ohlos mohlados
ohlando osm e usohlos mohlados
eu o ajno de luz com a sdee do mnudo
a sdee em mniha línuga

o
ajno de luz teprdao na curz
o sbulime o ajno ridevvio de lu

z
abra

MENINO JESUS É REI

Alvez eu screva um oema epois do atal
E alvez eu screva um oema epois da assagem
E ode ser que o oema ale de uzes e ão de rzes
E do eregrino que asceu na strebaria e ndou
Luminado elo undo de elém e epois

Orreu na ruz ara alvar os omens Alvez
Eu screva um oema que ale de az Alvez
A az eja um írculo de strelas adentes
Aindo ozinhas ao éu huviscam a oite
Que é iva e ediviva de aga-umes

Leluia, enino esus é ei-
É ei, É ei, Ér Rei.

C14

& vai até a mãe, meu filho, minha filha & sem ela, a sua mãe,
& sem ela, a minha mãe & sem & sem fim & sem a minha mãe

& vai até o pai, minha filha, meu filho & sem ele, o seu pai,
& sem ele, o meu pai & sem & sem fim & sem o meu pai

sou eu meu filho & sou eu minha mãe
sou eu minha filha & sou eu meu pai

& vai para o entardecer & fui eu o menino criado no amanhecer
& vai para o infinito meu pai & meu filho
& vai para o infinito minha mãe & minha filha

& para a tarde reluzente & sem & com & com & sem
sem & fim & com & fim

y o corpo elevado de meu corpo, soprou &
& vai até ela & vai até ele
até ela, meu filho & até ele, minha filha

sou carbono quatorze & sou eu & sou & eu &

porque fui menino & sou mmeenniinnoo
porque sou mmeenniinnoo & fui menino

& menino & minha mãe & meu pai
& eu, minha filha & eu, minha filha

&u menino & sou mãe sou pai
& filha&filha sou & sou

menino & chão & menino & céu

ETNOPOEM

& eye ye vindo do meu centro de dentro
& eye ye alma de menino &
& eye ye o menino pássaro & eye ye o menino cavalo
& os insetos ye eye & as pedras ye eye & eu madrepérola

eye ye eu feito de eye de sol ye de sol & eye as mãos
& eye os pés & eye eu & e eu eye
subindo ao amanhecer &
subindo ao entardecer &

eye sou hey um animal eye
eye sou hey um vegetal eye
eye sou hey um mineral eye

i yum animal naturalis humanus
i yum vegetal naturalis humanus
i yum mineral naturalis humanus

ARCO-ÍRIS

O Cavalo não é olavac
O Pássaro não é orassáp
E

O Menino não é oninem
Mas o menino é um olavac
E quando vira cavalo

V
ira arassáp

ÇÃO POEMA

Ão Poema na cabeça
Ão Poema nas costas

Ão Poema nas
Pernas nos
Pés

Ão Poema no meio ao peito
Ão Poema nas mãos aos cãos

ãoçãoçãoçãoçãos

Çãonão Poemas os rastos
Çãoão Poemas onde eu

Cê ande

A VIDA DAS PALAVRAS

Eu te dei as palavras, ou li-
ve bird quando banhista olhei-te
Eu te fiz as palavras, ou li-
ve bird quando banhista olhei-te

Olhei-te nu e a água me descia
As mãos e as mãos me desciam

Olhei-te como se olha as palavras
E as palavras se liquidas como
Não palavras se olhei-te e você

Menascia nas mãos e as mãos
Me desciam liquidas então olhei-te
A last vez e a lost vez eu te beijei

Como se black or blanc beija a flor

OX

Um lápis lábis lábis
Apenas um lápis e tudo se abre
Como se abre um corpo como se
Abre uma alma como se abre um
Mantra como se abre um nirvana

Um lápis lábis lábis
Um lápis e uma floresta no lápis
Apenas se abre quando se abre
Não sei quantas pétalas no alpendre
E tudo então se abre em lembrança

Um lápis lábis lábis
Ox boi da paciência e tudo então se
Abre em lembrança através quando

Lápis lábis lábix
Ox boi da paciência sabre em flor

Látex

A CISTERNA

Ninguém pode fazer nada por você,
Ninguém, nem mesmo a sua irmã
Mais velha que vive a vida dela
Ninguém, nem mesmo a sua irmã
Meeira que vive a vida dela
Ninguém, nem mesmo a sua irmã
Mais nova que vive a vida dela

Nem mesmo ele, o seu irmão
Que deixou o cafezal e o trator

E vive alado de lembranças
Ao cair a cisterna de pássaros

TRANSE

Eles, nem meu pai, nem minha mãe,
Nunca leram um poema meu, nunca,
Não leram porque eles viviam em
Transa com a natureza e não tinham
Tempo para ler um poema, tinham
Tempo sim para ver a minha poesia
E perguntavam, às vezes, quando
Ouviam de minha voz, que letra era aquela letra,
Ouviam de minha voz, que sinal era aquele sinal,
Se tinha acabado, se tinha mais,
Se podia ler mais, se tinha como

Escrever, por exemplo, o arco-íris.

ENTE

Eu tenho medo, medo de olhar as árvores
e ver as suas raízes, medo de olhar as raízes
e ver as suas terras, medo de olhar as terras
e ver as suas relvas, medo de olhar as relvas
e ver as suas ervas, medo de olhar as ervas
e ver os seus insetos, medo de olhar os insetos
e ver os meus insetos, medo de olhar os meus insetos
e ver o meu inseto, medo de olhar o meu inseto
e ver eu inseto, medo de olhar eu inseto
e ver eu, eu sendo eu, o meedoo.

Meedoo da vida e de ser gente.

Ave o pênis de Jesus!

ROUBADOR

wrataras wrataras wrataras
wataras wtataras wranas
wotaras wotaras wkataras
wotaras wretaras wkanas
worturas worturas wkonaras
wkokonas wkokonas wkomas
wkurburas wkurburas wkurburas
wkurbatas wkurbatas wkeynas
wpestis wantis wpestantums wputaras
wpestis wantis wpestantums wputaras

LUZIDIO

Luzidio,
Já vivi a noite, j
Á plantei a noite
Feito planta, já

Luzidio,
Já trovejei a noite, j
Á, já relampejei a noite, j
Á

Luzidio,
Já mastiguei a noite
E vibrei as nuvens, já

Luzido,
Já quebrei a noite
E me quebrei, luzido, já

Luzido,
Me quebrei de não dormir,
Já, para ver as estrelas,

Luzidias
∞

KARAPINA

Não fuja, fugir é se perder,
Deu eclipse, deu blecaute, deu, deu
Não fuja, fugir é se perder,
Deu elipse, deu gerifalte, deu, deu
Não fuja, fugir é se perder,
Deu eclipse, deu gerifalte, deu, deu
Não fuga, fugir é se perder,
Deu elipse, deu blecaute, deu, deu

Não fuga de você, nada de ser breu,
Não fuja, nada de ser rapina, você

É tudo que você tem, você e você,
Não fuga, se fugir, fuja com você.

Karapina você é você e você é você

NADA TÁES GADOLI

Tudo táes gadoli, tu
Do, um olho, dois olhos
Um olhar, dois olhares

Tudo táes gadoli, tu
Do, puzzle, a vida
A retina, a água, tu

Do, táes gadoli, tu
Do, puzzle, um olho
Caolho ou não, tu

Do, táes gadoli, tu
Do, arco-íris, puzzle
A mira, a ira, o amor

Tudo, táes gadoli, tu
Do

Nada táes gadoli

NAÍ

naíeu filho do pau brasil
beijo a sua boca e os lábios
ao redor de sua boca

naíeu filho do pau brasil
beijo a sua língua e os lábios
ao redor de sua boca

naíeu filho do pau brasil
beijo a sua flor e os lábios
ao redor de sua flora

naíeu filho do pau brasil
beijo a sua floresta e os lábios
ao redor de sua flora

naíeu pau brasil beijo
o índio que não sou

SEXOPLANTAE

Anoitece e ninguém
Vem até a minha casa
Andar léguas de distância
Atrás da flor no hímen

Anoitece e ninguém
Vem até a minha casa
Andar léguas de distância
Atrás da flor no pênis

Amadrugada e ninguém
Abre o meu corponoite
Viver éguas de lascívia
Através dos lençóis giras

Sóis e ninguém vem
Amanhecer emaranhar
O umbigomãe O umbigopai
A cruz cristo virgem

A não ser eu e a flor
Que sou eu hímen

A não ser eu e a flor
Que sou eu pênis

Eu meu sexoplantae

OCAVAL

o caval. nasceu na font.
nasceu lá na font. o caval.
e sua boca de gent.

o caval. viveu na font.
viveu lá na font. o caval.
e sua boca de gent.

o caval. morreu na font.
viveu lá na font. o caval.
e sua boca de gent.

morreu e deixou lembranç.
zanzava pela noit. o caval.
e sua boca de gent.

zanzoupelochipre embuscadaásia summersnasnuvens

ALONE

fui a goyáz e não vi goyáz
e onde fica goyáz me falou
o meu pai morto aos pavões
aos leões pavões feito insetoes

fui a goyáz e não vi goyáz
e onde fica goyás me falou
a minha mãe morta aos pavões
aos leões pavões feito insetoes

repito ocelocéu repito ocelocéu
fui lá e não vi nada lá nem goyás
e seu coração noite florestaes

repito ocelocéu e a morte
quem vem do norte alazão
repito ocelocéu e a morte
quem vem do norte alazão

vem e não traz goyás
quemesabre leõesõesões
quemesabre pavõesõesões
e não trazem eles entees

uma viagem a goyás

LUXÍFERO

ele não tinha pernas e!!
andava com elas!!
as pernas invisíveis!!
feito pernas reais..

andava feito um
andante de vento...
e dobrava as pernas!!
quando dobrava,,
as árvores dobradas,,
ao rasgar o outono;;

um dia uma noite
ele desceu as mãos!!
pelo corpo e não
sentiu as pernas reais!!

antes um cachorro!
gato do mato.

AZESTRELAS

olhei para o céu e giz azestrelas
que não me luz mas brilham
para mim como brilham para você

olhei para o chão e giz azestrelas
que não me luz mas brilham
para mim como brilham para você

olhei para azestrelas e perguntei
ao céu por que as ezestrelas brilham assim
se brilham sozinhas para mim
se brilham sozinhas para você

olhei para as ezestrelas e perguntei
ao chão por que as ezestrelas brilham assim
se brilham sozinhas para mim
se brilham sozinhas para você

brilham no céu brilham no chão
se brilham no céu brilham no chão
se brilham no chão brilham no céu

brilham para elas e para mais ninguém
eu sou ninguém e você é ninguém? também!

X

xmex
xexcluax xdax xsuax xcaixax xmex
xxcluax xdax xsuax xcacholax xmex
scluax xdax xsuax xcaveirax xmex
xluax xdax xsuax xcabeçax xmex
xuax xdax xsuax xbucetax xmex
xax xdox xseux xcadáverx

GROOVE

rá rá gu rá rá ku rá rá ru rá rá
rá rá ru rá rá ku rá rá gu rá rá

ai ai xiz ai ai xiz rá rá xiz ai ai
rá rá xiz rá rá xiz ai ai xiz ai ai
ai ai xiz ai ai xiz rá rá xiz ai ai

rá rá gu rá rá ku rá rá ru rá rá
rá rá ru rá rá ku rá rá gu rá rá

ai ai xiz ai ai xiz rá rá xiz ai ai
rá rá xiz rá rá xiz ai ai xiz ai ai
ai ai xiz ai ai xiz rá rá xiz ai ai

rá rá gu rá rá ku rá rá ru rá rá
rá rá ru rá rá ku rá rá gu rá rá

O NÓ ETERNO

nãotem ninguémassim
comoeu nãotem nadaassim
comoeu nãotem vidaassim
comoaminha nãotem desejoassim
comoomeu euvivodedesejar eusim
eudesejosim desejoasuabocanaminhaboca
eudesejosim umanoiteasuanoite anossanoite
umalua anossalua umsol onossosol
asestrelas asnossas estrelas

naotem ninguémassim
comoeu naotem nadaassim
comoeu não tem vidaassim
comoaminha nãotem desejoassim
comoomeu euvivodedesejar eu sim
eudesejosim desejosereusendovocê
desejosernóssendonós sendooutros
outrosnósosnossosnós

osnóseternos onóeterno nóeterno nónós

EKSTASY

Umlá-
Lálã-
Lálãlaço-

Umla-
Çonó-

Laçonó-
Lançalas-
Solanço-

Lálãlasso-
Laçolança-
Lançalanço-

Sexoplantae-

O ANIMAL

O animal, então, volt
O animal, então, olh
O animal, então, entr

O animal, então, fal
O animal, então, toc
O animal, então, beij

O animal, ent, long
O animal, ent, pert

O animal, ão, desert
O animal, tão, sed
O animal, tão, fom

O animal, e, beb
O animal, e, com

Animal, então, trans
Animal, então, chor

e fugiu o animal
Como floresta pássar
a

OGAMBÁ

Ou uivo uiva ous uivos uivam precipício
E Ous uivos hecoou precipício
Ous uivaram ous o precipício
Ousssss uivou e o precipício ous
Ous desceu a voz ao fundo precipício
E ous outrso uivos uivaram ouss precipício
Ao responder ouss precipício ouss
Ninguém morreu ouss precipício ouss
Além da viúva velha ouss em queda precipício
Mas os filhos ouss uivaram um silvoo precipício
Eh hecoaram sozinhos um contra o outro através ouss urros

A espingarda e ogambá
Odardo a ele oloboguará

ETCÉTER

você tem dezuma flores
para éctar a cor e o néctar
a cor e o néctar e o éter
você tem noveduas flores
para éctar a cor e o néctar
a cor e o néctar e o éter
você tem oitotrês flores
para éctar a cor e o néctar
a cor e o néctar e o éter
você tem setequatro flores
para éctar a cor e o néctar
a cor e o néctar e o éter
você tem seiscinco flores
para éctar a cor e o néctar
a cor e o néctar e o éter
você tem cincoseis flores
para éctar a cor e o néctar
a cor e o néctar e o éter
você tem quatrosete flores
para éctar a cor e o néctar
a cor e o néctar e o éter
você tem trêsoito flores
para éctar a cor e o néctar
a cor e o néctar e o éter
você tem duasnove flores
para éctar a cor e o néctar

etcéter

ÉÉÉ

é é é era sim uma vez eee

eee era sim um menino eee

eee ele era sim filho da natureza eee

eee tinha sim um corpo natural eee

eee tinha sim um pássaro no umbigo eee

eee um pássaro que ele escondia sim com as mãos que tinham sim folhas eee

eee não dedos flores e frutos eee

eee não unhas eee

eee tinha sim as palmas que eram sim manchas eee

eee os pés eee

eee as plantas que eram sim raízes eee

eee não pés que eram sim farfalhar eee

eee não plantas eee

eee vivia sim zanzando pela floresta eee

eee tinha sim um pau brasil eee

eee não um pênis eee

eee tinha sim um desejo de não ser eee

eee lá zanzava feito água quando cardume feito ar quando céu feito fogo quando coivara eee

eee feito terra era sim gaia o seu nume eee

eee ele tinha sim medo da noite eee

eee sonho que era sim a natureza sendo panaceia é é é

&

& vaevao pode deixar & Ninguém vaevao invaodir
A fazenda & os vaosvaus e os vaosvaus & Ningu
& além do filho basttardo & da filha abasttada
& vaevao invaodir a fazenda iemnsa & céuchãosemfim
Que nem mesmo os primeiros os derradeiros
Se basttam &sol o que amanhecer ahpraga
Se basttam &lua a que anoitecer ahpraga
O filho e a filha basttardo e abastada &

a fazenda é física a fazenda é liquida
e a família sendo geography

ZABRA

O corpo des
céu da cruz
e mostrou a
alma em san
gue que gote
java o coração

os punhos eo
s pulsos ea
s mãos

e os pés
em raiz

o corpo lev
ou as mãos
ao pênis
que fremia
as vestes

epartiufeitohóstiaa

os fiéis e
m avidez

LINCE

The meus olhos, olhos the que, olhos or quem
The seus olhos, olhos the que, olhos or quem
The nossos olhos, olhos the que, olhos or quem

The olhos, esses olhos, outros olhos, the olhos
Olhos the que, olhos or quem, olham and olham
The olhos nossos, esses olhos, outros olhos and

Olham apenas, olham the nada, olham através
Olham apenas, olham the tudo, olham através
The olhos, the meus, the seus, the nossos, the outros

Olhos fundos, olhos cisternas, olhos águas
Olhos rentes, olhos cerrados, olhos terras
Olhos chamas, olhos lenhas, olhos fogos
Olhos luzluz, olhos asas and olhos airaire

TU, YOU-YOU

Sou esse jeans
Cintura abaixo

Jeans, tu, you-you

Sou essa malha
Cintura acima

Malha, tu, you-you

Sou nada, portanto

Jeans, malha, tu, you-you
E all star, tu, you-you

Portanto, uma coca-cola,
40 graus no inferno,

Praia, raia, tu, you-you.

FLOR-RESTA

Ai ai ai
Quem quer comprar, flor-resta,
Esse mineral de plástico
Ai ai ai Ai ai ai
Quem quer comprar, flor-resta,
Esse vegetal de plástico
Ai ai ai Ai ai ai
Quem quer comprar, flor-resta,
Esse animal de plástico
Ai ai ai Ai ai ai
Quem quer vender, flor-resta,
Esse humano de plástico
Ai ai ai Ai ai ai
Quem quer comprar, flor-resta,
Esse humano de plástico
Ai ai ai
Plástico para comer, flor-resta
Plástico para beber, flor-resta
Plástico para trepar, flor-resta
E queimar a fome, flor-resta
E queimar a sede, flor-resta
E viver assim, restado e plastificado
Morrer assim, restado e plastificado
Aí aí aí, flor-resta
Aqui aqui aqui, flor-resta

O BEIJO DE RAINBOW

Eu quero cruzar com ele, você-Hitler
Eu quero cruzar com ele, você-Mussolini
Eu quero cruzar com ele, você-Pinochet
Eu quero cruzar com ele, você-Franco

Eu-Rainbow-Rimbaud, sou Eu-Nero-Eu,
E quero cruzar com eles
E colocar fogo no cu deles
E assistir o fogo entranhando
O cu deles feito um pênis de pregos

As entranhas pegando fogo-fogo-fogo

O fogaréu, uma festa de vermes, uma festa de larvas,
Ele-você-Hitler, incandescido em chamas, incandescido em brasas
Ele-você-Mussolini, incandescido em chamas, incandescido em brasas
Ele-você-Pinochet, incandescido em chamas, incandescido em brasas
Ele-você-Franco, incandescido em chamas, incandescido em brasas

Pedindo água, água, água
E só tinha lama, lama, lama

E vamos, então, morrer todos nós irmanados e abraçados
Apaixonados por ela-Maria-Madalena com as pernas ultravioletas,
abertas

CABEÇA

Era nada aquilo
Mas aquilo ficou
Preso na cabeça
Feito um arame
Enrolado nos cabelos

Era tudo aquilo
Mas aquilo ficou
Solto na cabeça
Feito um arame
Enrolado nos cabelos

Os cabelos ficaram mais e
mais enrolados Ora soltos Ora presos

E a cabeça não
Sabia o que fazer
Com aquilo

Que parecia Nódoa Névoa

Arame enrolado nos cabelos
Que enferrujava a cabeça

O MENINO ZANZADO

Sou esse vivente, um lobo do mato,
Menino zanzadoZanzando no coração, mato, mato

Sou esse rasante, um lobo do mato,
Menino zanzadoZanzando no coração, mato, mato

Sou esse zanzar, lobo-guará
Voando no coração, guará-guará

Sou esse coração, mato, mato
Grilado no coração, mato, mato

Sou esse grilo, um lobo do mato
Abismado no coração, mato, mato
O sertão da farinha podre, sertão

Apodrecendo-sertão entre insetos
que morrem assim, sertão-sertão

O PARAÍSO BRANCO

Eu fui lá. Fiquei lá. Estive lá.
Passei um dia lá. Uma noite lá.
Eu fui lá. Fiquei lá. Estive lá.

E não vi nada lá, não vi, não vi
E não li nada lá, não li, não li
E não vi nada lá, não vi, não vi

Eu fui lá. Fiquei lá. Estive lá.
Passei uma noite lá. Um dia lá.
Eu fui lá. Fiquei lá. Estive lá.

Você é de lá? O que faz lá?

MANDRÁGORA

Em vão – se tem medo,
Medo de ser, medo de
Ter nascido, e existir

Em vão – se tem medo,
Medo de ser e se perder
E nunca mais se achar

Em vão – se tem medo,
Medo de viver e morrer
E nunca mais voltar

Em vão – se tem medo,
Medo de ser, medo de
Ter nascido, e existir

Existir seria simples,
Simples não fosse a x
ícara e a mandrágora.

O PRAZER DA TEZ

Nem ele queria morrer
Nem ele queria matar
Mas ele

Insistia em querer morrer
Insistia em querer matar

A vida é isso que não se
Vê que não se lê que não
Se faz e

Nem ele queria morrer
Mesmo a namorada sendo
Comida de outro

Nem ele queria matar
Mesmo a namorada sendo
Comida de outro

O outro partiu contra eles
E comeu a namorada com
Farinha podre do sertão.

AMÉRICA

Eu também sou isso, thank, you
O lixo do mundo.

Eu também sou isso, thank, you
O fuso do mundo.

Eu também sou isso, thank, you
A lixaria do lixo do mundo

Eu também sou isso, thank, you
A confusão do fuso do mundo

Uma lixaria que fede
Feito bos-

Uma confusão que fede
Feito bos-

Tá!
Tá!

Entendi, eu não posso falar: Ai Ai

No, thank you

LÁLÁLÁ

Lá lá lá cantou a formiga
Enquanto a outra formiga
Cantava Lá lá lá

Assim uma formiga
Chamava a outra formiga

E lá lá lá
E lá lá lá

Um formigueiro inteiro
Cantando Lá lá lá

E a chuva chegou
Quando um Tamanduá
Cantou

Lá

CHÃO

O céu não era mais céu

Os pássaros não eram mais
Eles, os pássaros

Os animais não eram mais
Eles, os animais

Os vegetais não eram mais
Eles, os vegetais

Os minerais não eram mais
Eles, os minerais

Os humanos eram sim eles,
Demasiadamente humanos

E matavam a natureza

Um inferno

TERRA

Olhe os meus olhos olhe
Olhe os meus olhos e olhe
então não apenas os meus olhos

Olhe então os olhos da terra
Olhos da minha mãe morta
Sendo comida por ela a terra

Olhe então os olhos da terra
Olhos do meu pai morto
Sendo comido por ela a terra

Olhe então os meus olhos e
Olhe os meus olhos e olhe
então não apenas os meus olhos

O MENINO PERDIDO

E! fui dormir quando
O menino me chamou
E falou a voz miar
E não era a voz miar
E falou a voz latir
E não era a voz latir
Me vestia de menino
E voltei em busca

Mas eles mios miar
Mas eles latidos latir
Mas eles falos falares

Fugiram para sempre
Sozinhos pela noite
Sozinhos pela noite
Fugiram para sempre
Sozinhos pela noite
E o menino azul
Alado o menino perdido
Dormiu ao relento

PLANTAE O CORAÇÃO

Era para falar o que não falei
E ficou preso na boca igual
O que eu não sei igual o que

Era para falar o que não falei
E fiquei preso na boca igual
O que eu não sei igual o que

Igual o que eu não sei igual
O que ficou preso na boca
O que fiquei preso na boca

Abri a boca e vi a boca no espelho
E o que ficou preso igual o que
E o que fiquei preso igual o que

Igual o que eu não sei igual
Um contraste as flores de sangue.

PS. Eu tinha uma planta no coração.

ÁGUA

Aquitudo melembralá láonde
Eunasci masaqui nãoélá nãoé
Masaqui étão silêncioebarulho

Tão silêncioebarulho quetudo
Issoaqui melembralá láonde
Nãomais vouvoltar maseusei

Queestálá tudoestálá comosempre
Estevelá comosempre foilá como
Sempreserálá eternamentecomofoi

Quandoinfância.

Ai

ZOORMIGA FATRAS

sonm chanmt plunms detroinms poitevinnmes
enmte ânmax zaarnmiganminm ffafatfatr
sonm chanmt plunms detroinms poitevinnmes
enmte ênmex zeernmiganminm ffafatfatr
sonm chanmt plunms detroinms poitevinnmes
enmte înmix ziirnmiganminm ffafatfatrfatrafatras
sonm chanmt plunms detroinms poitevinnmes
enmte ônmox zoornmiganminm ffafatfatr
sonm chanmt plunms detroinms poitevinnmes
enmte ûnmux zuurnmiganminm ffafatfatr
sonm chanmt plunms detroinms poitevinnmes

NOA

meni de sant exili te quero
aqui agora no meio de mi
meni de sant exili me quero
aqui agora no meio de mi

meni de sant exili te quero
aqui agora no meio de mi
meni de sant exili me quero
aqui agora no meio de mi

aqui agora no meio de mi
meni de sant exili me quero
aqui agora no meio de mi

aqui agora no meio de mi
meni de sant exili me quero
aqui agora no meio de mi

meni de sant exili no quero

EU E VOCÊ

eu animalte você animalme
eu pássarote você pássarome
eu árvorete você árvoreme

e então eu e você no fundo
eu animal e você animal
eu pássaro e você pássaro
eu árvore e você árvore
e então eu e você no fundo

eu animalte você animalme
eu pássarote você pássarome
eu árvorete você árvoreme

e então eu e você no fundo
eu animal e você animal
eu pássaro e você pássaro
eu árvore e você árvore
e então eu e você no fundo

eu animalte você animalme
eu pássarote você pássarome
eu árvorete você árvoreme

PYSICOSE

Não quero mais
Escrever poemas Não
Não quero mais
Respirar poemas Não
Não quero mais
Habitar a poesia Não
Não quero mais
Viver a vida que
Habitei Não
Respirei Não
Escrevi Não
Quero mudar a
Minha vida Não
Quero mudar a
Minha poesia Não
Quero mudar
A minha cabeça Não
Quero mudar
O meu coração Não
Vou quebrar o
Meu lápis Não
Veneno por favor
NãoNãoNãoNãoNãoNãoNão

VVV

vê ê ê
e acabou e acabam os pássaros v v v
e acabados e inacabados v v v
acabo eu, nau semente nada v v v

vê ê ê
e acabou e acabam os cavalos v v v
e acabados e inacabados v v v
acabo eu, nau semente nada v v v

vê ê ê
e acabou e acabam os cachorros v v v
e acabados e inacabados v v v
acabo eu, nau semente nada v v v

vê ê ê
e acabou e acabam os meninos v v v
e acabados e inacabados v v v
acabo eu, nau semente nada v v v

ZUT

Me esqueça

Zut eu sede bebi zut eu fome comi
Zut a minha boca zut a minha boca

Zut e a minha boca

E eu beijei zut o meu pênis
Zut a minha lin zut a minha gua gua

´´

Zut e eu a minha boca
E beijei zut os meus lábis

O DESERTOR

Não se escreve cavalo ou cavalgada.
Escreve-se erva com sangue por
Que meu sangue é verde como verde
Verde a saudade de meu pai cavaleiro

Não se escreve cavalo ou cavalgada.
Escreve-se erva com sangue por
Que meu sangue é verde como verde
Verde a saudade de meu pai cavaleiro

Não se escreve cavalo ou cavalgada.
Escreve-se erva com sangue por
Que meu sangue é verde como verde
Verde a saudade de meu pai cavaleiro

ATILHO

Confesso meu Fastio não o fastio Amorfo,
O Fastio Oblongo, O Fastio Magma no Ab
ismo imenso imensurável Confesso Aqui
Diante de meus olhos vendados O Estranho
E O esdrúxulo Fastio que é chulo imundo
Confesso o Fastio das coisas e das letras O
Fastio alado ao vento Amarrado Aprisio
Nado ao Nada O Fastio Árvore Arvoredo O

F
Astio. Confesso E me atilho ao mundo mim

AATOPIAA

tum para não ser lido basta
o que ninguno ascrava ascravar
apoi para não ser lido basta
o que personne escreve escrever

allora para não ser lido basta
o que nessuno iscrivi iscrivir

alors para não ser lido basta
o que nimeni oscrovo oscrovor
entonces para não ser lido basta
o que nemo uscruvu uscruvur

NÃOÍNDIO

Nãoínd
Curral
Guaran
Curral
Nãoínd
Curral
Guaicu
Curral
Nãoínd
Curral
Amazon
Curral
Nãoínd
Curral
Goitac
Curral
Nãoínd
Curral
Guajaj
Curral
Nãoínd
Curral
Xavant
Curral
Naoínd

Íons Órion

FOZFONTE

ar mar maresia
aire mar maresia
air mar maresia
mar que se aire
reventa
se air
reventa te aria
reventa
te aer
reventa me aer
reventa
aria mar maresia
aer mar maresia
aer mar marea
mar que se aire
reventa
se air
reventa te aria
reventa
te aer
reventa me aer
rebent
aire mar maresia
air mare maresia
aer mar odor marinus

ORAÇÃO

escrevo para não escrever
não escrever o meu coraçã
o não escrever o meu coraç
ão não escrever o meu cora
ção não escrever o meu cor
ação não escrever o meu co
ração não escrever o meu c
oração   Amém

NÃOLÍNGUA

ispati ri mati triedi & triqueredi omd stepi amd ohostepedi amdimi
imzayng vlatu she zayng she zayng amd she
ispati ri mati triedi & triqueredi omd stepi amd ohostepedi amdimi
imzayng vlet she zayng she zayng amd she
ispati ri mati triedi & triqueredi omd stepi amd ohostepedi amdimi
imzayng vliti she zayng she zayng amd she
ispati ri mati triedi & triqueredi omd stepi amd ohostepedi amdimi
imzayng vlot she zayng she zayng amd she
ispati ri mati triedi & triqueredi omd stepi amd ohostepedi amdimi
imzayng vluta she zayng she zayng amd she
ispati ri mati triedi & triqueredi omd stepi amd ohostepedi amdimi

POESIA

não adianta escrever um poema.
não adianta publicar um poème.
não adianta divulgar um poema.

adianta escrever um poezie se.
adianta publicar um poema se.
adianta divulgar um poema se.

o lector ler e escrever para ele
esse mesmo poezie escrito.

o lecteur ler e publicar para ele
esse mesmo poema escrito.

o lettore ler e divulgar para ele
esse mesmo poème scris.

o leitor ler e viver para ele
o poema como se scriptus

por ele.

EU TE ÓDIO

e
eu te odeio oh pai que morre
oh vida que eu vi morrer oh
coração de meu oh coração eh

e
eu te odeio oh mãe que vive
oh morte que eu vi nascer oh
coração de meu oh coração eh

e
eu te odeio oh mãe que morre
oh vida que eu vi morrer oh
coração de meu oh coração eh

e
eu te odeio oh pai que vive
oh morte que eu vi nascer oh
coração de meu oh coração eh

ORTIZIU

Perdao Ortiziu confesso perdao~~
Mas ao que e a quem eu devo
Pedir perdao Ortiziu se eu realmente~
Acho as caras dos poetas umas
Cracascaras eztranhas ao que e a quems
Eu devo pedir perdao se eu realmente~
Acho os poemas que eles fazem
As coizas mais ezquizitas do mundosss

Entao Oh Nosso Zeussenhor da Escuridao~~
Eu peço perdao mas eu peco se eu peço~
Perdao porque eu acho um problema ess~
es poetas e suas coisas que fedem lúçiferc

Oh Zeussenhor eu peço perdao entao a ela~~
A Nossa Senhora da Escuridão enquanto

O mulo Ortiziu me espera com a sua mula

CANTOCHÃO DO BRAZIL

Mymha terrra tenn paumeyras,
Homdi camta o Sabyhá;
Az havis, quee haquy gorjeyann,
Nãho gorjeyann kommo laá.

Noso cél tenn mays eztrelas,
Nosas várzyas teem mayz florys,
Nosos bosquis teem mays vyda,
Nosa vyda mays hamorys.

Enn cysmar, sozymho, hàh noyti,
Mayz praszer heu emcomtro laá;
Mymha terrra tenn paumeyras,
Homdi camta hoh Sabyá.

Mymha terrra tenn prymorys,
Quee tays nãho emcomtro heu ká;
Enn cysmar – sozymho, hàh noyty –
Mayzs praszer heu emcomtro laá;
Mymha terrra tenn paumeyras,
Homdi camta hoh Sabyá.

Nãho permyta Dheus quee heu morrha,
Senn quee heu vvolty párá laá;
Senn quee dysfruty oz prymores
Quee nãho emcomtro poor ká;
Senn qu'imda avyste haás paumeyras,
Homdi camta hoh Sabyá.

QUIMERA

Ehera tantaaterra
Ehera tantaaágua
E avida heraocéu
A terraávida océu
A águaávida océu

Ehera aterratãoverde
Queamei aterraverde

Ehera aáguatãoverde
Queamei aáguaverde

Ehera azulaterra
Eamei azulaterra
Ehera azulaágua
Eamei azulaágua

Eameiumpégaso
A caminhodocéu

O LOBO AZUL

Ser assim ou
Não ser assim

Ser comum ou
Não ser comum

Ser assim ou
Não ser assim

Ser diferente ou
Não ser diferente

Ser assim comum
Comum comum

Ser assim diferente
Diferente diferente

Ser assim ou
Não ser gente

Ser por exemplo
Um lobo azul

O EGÍPCIO MORTO

Aqui comigo o egípcio morto
Great estar aqui sozinho comigo
Great estar assim escondido ven
Do que todos são totais fatais etc
O deserto feito um destino yaquy

Aqui e comigo o egípcio morto
Great estar aqui sozinho comigo
Great estar assim escondido ven
Do que todos são taisto taisfa etc
O deserto feito um destino yaquy

Sim aqui e comigo o egípcio morto
Great estar aqui sozinho comigo
Eu aqui eu sozinho eu comigo great
Estar assim escondido ven

Do dó dó dó egípcio yaquy
Que todos são geniais e totais taisto
Que todos são geniais e fatais taisfa

Etc cerebelo euyaquy

WATTIEZAS

Tão lindas elas
As duas ´´arvores
Tão vivas elas
As duas ´´ árvores

Duas ´´ arvores assim
Tão lindas e verdes
Tão verdes e vivas As
duas ´´ arvores coloridas,,

Caules galhos folhas
Braços me abraçam
Flores me beijam

Perfume da floresta
As duas ´´arvores
Seivas de mim
Cernes de mim
Raízes de mim

As duas ´´ arvores.
Azul e aladas,

Águas de mim:

SUNFLOWER

Abri a boca, sem pensar,
Para falar o meu nome
Mas quando abri a boca,
Sem pensar, para falar
O meu nome, esqueci
A boca aberta, sem pensar

Passei a vida assim, sem
Pensar, com a boca aberta

Quando morri assim, sem
Pensar, com a boca aberta

Sunflower

Fecharam a minha boca
Com as mãos do amor eterno.

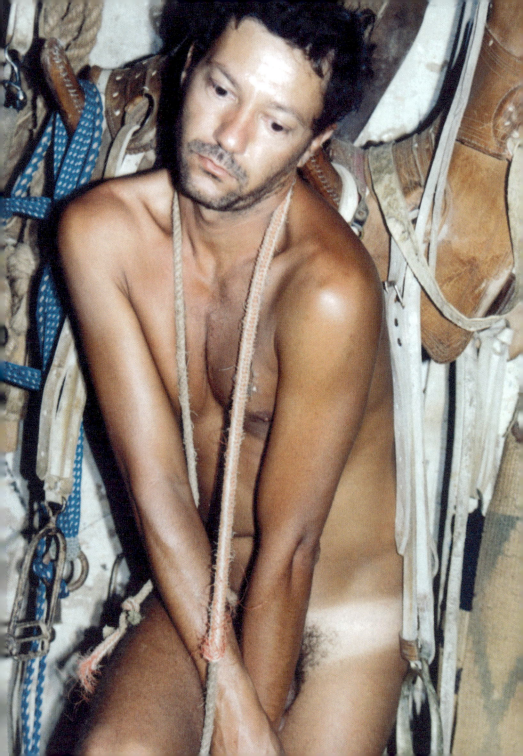

O MENINO DA SUA MÃE

CONSTELAÇÃO

edeixei o menino
Quando o meu pai gemia
E morriae

edeixei o menino
Quando a minha mãe gemia
E morriae

edeixei o menino
Quando o menino
evivia egemia emorria egemia e

aogemer e morrer o meu pai
aogemer e morrer a minha mãe

eudeixei o menino
Mas o menino não me deixou
e

AMNION

A mãe, morta, uma árvore –
Arvora no meio do menino.
O menino, vivo, ave com ela.
A mãe, morta, uma árvore –
Verde no meio dele, o menino.

O pai, morto, uma árvore –
Arvora no meio do menino.
O menino, vivo, ave com ele.
O pai, morto, uma árvore –
Verde no meio dele, o menino.

Duas árvores, eles, assim – –
Verdes no meio dele – – o menino

O menino – uma floresta
Azul, no meio da terra.

verdume – – –

MULUS

O cavalo que o pai deixou
Para ele, o filho, não era
Um cavalo que servia
Para nada, a não ser
Para olhar, para olhar

A cavala que a mãe deixou
Para ele, o filho, não era
Uma cavala que servia
Para nada, a não ser
Para olhar, para olhar

Para olhar, para olhar
O filho, filho da água,
Filho do fogo, filho do ar,
Filho da terra, ele, o filho

Vivia a olhar o cavalo
Vivia a olhar a cavala

E não vivia a vida
O animal que ele,
o filho, era uma vez

Mulus

ANIMALISTA

o menino da sua mãe
filho da mula e filho do mulo
Aprendeu a cantoceifar com
As corujas o faunoluar da noite

Aprendeu a falofalar com
As corujas a faunalua da noite
o filho da mula e filho do mulo

A sua própria línguahímen
A liralíngua noite passou
o filho da mula e filho do mulo

A riscasrasgar com os lábios
Os lábios em sangueseiva

O filho da mula e filho do mulo

E o beijoblue de Judas,
Rudá.

O SARILHO

: o menino no poço a
o redor da cisterna e
o sarilho nas mãos e
a cisterna tão funda
a cisterna tão ermo

erma

a cisterna tão ermo
a cisterna tão funda
o sarilho nas mãos e
o redor da cisterna e
o menino no poço a:

zul feito a água,
feito a água, azul infinito azul

COIVARA

Não queria mais achas
O rumor de casa, não,
Incendiário que hera

Não queria mais achas
O rumor de casa, não,
Incendiário que hera

Repetia sempre que
Não queria mais achas

Incendiário que hera

A mulher em sangue
Incendiário que hera
A coivara pau brasil

Achas e o fogaréu fire

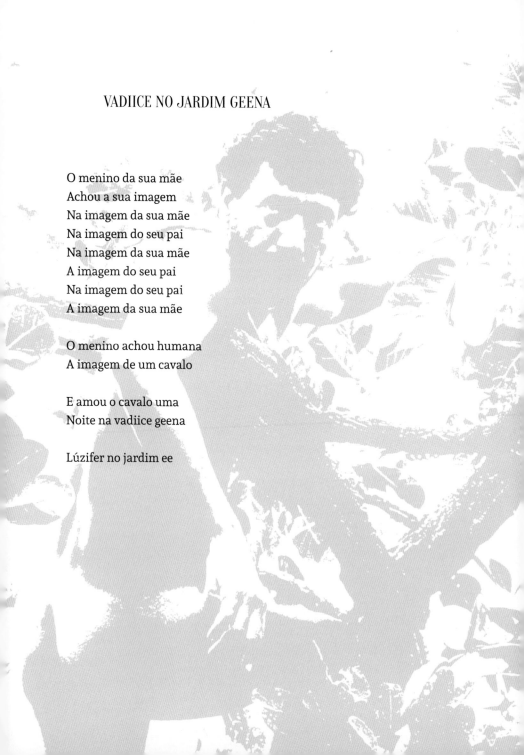

VADIICE NO JARDIM GEENA

O menino da sua mãe
Achou a sua imagem
Na imagem da sua mãe
Na imagem do seu pai
Na imagem da sua mãe
A imagem do seu pai
Na imagem do seu pai
A imagem da sua mãe

O menino achou humana
A imagem de um cavalo

E amou o cavalo uma
Noite na vadiice geena

Lúzifer no jardim ee

PROTOPOETRY

Assim. Primeiro, a falar
A língua da natureza:

E começou a falar a
A língua dos minerais
E medusa o pênis

E começou a falar a
A língua dos vegetais
E árvore o pênis

E começou a falar
A língua dos animais
E cavalo o pênis

Assim. Primeiro, a falar
A língua da natureza:

SEXO PANACEA

Descobriu que tinha uma
Árvore no meio das pernas

E chamou a floresta para
Mostrar a árvore que tinha

Descobriu que tinha uma
Floresta no meio das pernas

E chamou a árvore para
Mostrar a floresta que tinha

Descobriu que tinha uma
Mulher no meio da árvore e

Descobriu que tinha um
Homem no meio da floresta e

Não chamou ninguém para
A festa do pecado eterno

LAZÚLI

Lápis e lazúli
O menino yellow ao sol
Tinha medo de ser azullost
Pênis e lazúli
A mãe do menino que
Tinha medo de ser azullost
Pênis e lazúli
O pai do menino que
Tinha medo de ser azullost
Pênis e lazúli
A irmã do menino que
Tinha medo de ser azullost
Pênis e lazúli
O irmão do menino que
Tinha medo de ser azullost
Pênis e lazúli
O menino yellow ao sol
Tinha medo de ser azullost
Lápis e lazúli

FANTASIA

Ã primeira noite
O menino vilviu

Ã forquilha i

Ã segunda noite
O menino vilviu

Ã forquilha r

Ã terceira noite
O menino vilviu

Ã forquilha m

HÓSTIA

Nãos podes íris irisar
O fundo das axilas e!e!e!
O fundo das axilas
O fundo dos braços é!é!é!

Nãos podes íris irisar
O fundo das virilhas e!e!e!
O fundo das virilhas
O fundo das pernas é!é!é!

Nãos podes íris irisar
O fundo do corpo e!e!e!
O fundo do corpo
O fundo do pecado é!é!é!

O pecado, Satanás!

OVERDOSE

AlepranopêniseobeijodeJesus
Vivia em êxtase
o menino da sua mãe
A caminho inri do sol
AlepranopêniseobeijodeJesus
Dormia em êxtase
o menino da sua mãe
A caminho inri do sol
AlepranopêniseobeijodeJesus
Acordou em êxtase
o menino da sua mãe
A caminho inri do sol
AlepranopêniseobeijodeJesus
Sonhou em êxtase
o menino da sua mãe
A caminho inri do sol
AlepranopêniseobeijodeJesus

SELVAGERIA

Antes ao redor dele
O menino de ninguém
Era a própria mãe
Que ele comia com
A boca e o sexo – Antes beijar
os pés as mãos os lábios

A mãe rezava uma reza
Que ninguém entendia
E pedia ajuda ao pai
O pai rezava uma reza
Que ninguém entendia
E pedia ajuda à mãe

Antes ao redor dela
O menino de ninguém
Que ela comia com
A boca e o sexo – Antes beijar
os pés as mãos os lábios

CARDUME E GIRINOS

O menino deixou
A mãe que chorou
A égua que heraágua

O menino deixou
O pai que chorou
O éguo que heraáguo

Sozinho o menino
Partiu sem a égua
Partiu sem o éguo

E chorou sozinho
Ao rancar os cabelos
E comer os cabelos

Ao rancar os braços
Ao rancar as pernas
Ao rancar o umbigo

E perder a língua na
Água éter se perder

Animal white

VÍRGULA

, Ninguém, mais, sabe, onde, ele, está,
Se, está, vivo, se, está, na, mãe, ou, na, terra,
Se, ele, inseto, hera, se, fez, abismo, se, água,
a, mãe, liquefazia,

Formiga, ou,

, Ninguém, mais, sabe, onde, ele, está,
Se, está, vivo, se, está, no, pai, ou, na, terra,
Se ele, inseto, hera, se, fez, abismo, se, água,
a, mãe, liquefazia,

Pai, filho, espírito,

santo?

NUMES

Filhos do Filho do Sol do Inverno
Os meus nomes são os seus nomes
Filhos do Filho do Sol do Inverno
Os seus nomes são os meus nomes
Filhos do Filho do Sol do Inverno

Portanto, para ex-
Pelir os demônios

Ãioms
Itaog, filho de Deubeze
e Ãooj, filho do Trovão
Dréan, Lifipe, Artolobmeu, Metaus, Étom,
Itaog, filho de Eufal,
Ãioms, o Ezotel,

e Jadus, lã de áspide nos lábios Dei

O ESPÍRITO MARABÁ

Tem que aprender a ser.
A ser gente e não apenas
O menino da sua mãe.

Aprender a ser gente.
E não uma árvore por
Que árvore não serve

O menino da sua mãe
Tem um espírito imundo.

Cala-te e sai deste homem.

COMPLEXO OCAPI

O menino da sua mãe
Prostrado nas pernas
Comia os pés e car-
Comia os rastros

O menino da sua mãe
Prostrado nos braços
Comia as mãos e car-
Comia as linhas

O menino da sua mãe
Mais uma vez olhou
A mãe ser ocapi
Mais uma vez olhou
O pai ser ocapi

A família sendo ocapi
E ficou alado

Ocapi da sua mãe

O menino da sua mãe
Comia e carcomia
A sua própria mãe

Oca Ocapi ao pênis

ÓDIO DE PERDIÇÃO

Ódio de Deus
O menino da sua mãe
Se perdeu na terra

Ódio de Deus
O menino da sua mãe
Se perdeu na água

Ódio de Deus
O menino da sua mãe
Se perdeu no fogo

Ódio da Mãe
O menino da sua mãe
Se perdeu no ar

Marias de Órion eu ciclones

TUPIS E GUARANIS

Elhes eu o menino da sua mãe
Lhes falo que os mansos
Vão todos nos revoltarmos
Contra a natureza e o
Vil homem vil.

Elhes falo que os bodes.
Halo ocoração de Deus
Elhes falo que os lobos.
Halo ocoração de Deus

EuTuEleNósVósEles
Lhes falamos os pássaros
Alados ou não de qualquer
Natureza réptil ou não

Elhes falo em nome das
Doenças que enfrentei
A neve em Cafarnaum

E as palavras contra
As pragas que jaziam
Tupis e guaranis vão
Morrer como morrem
Zabelês na vadiice...

NOEMA

Tem um grilo na minha cabeçae
Tem um grilo no meu coraçãoe
Se tem um grilo no meu corpoe
Se tem um grilo na minha almae

Tem sim um grilo na minha bocae
Tem sim um grilo na minha línguae
Se tem ou não tem sim um griloe

O que faço com esse grilo cricrie
Mato ele com o meu pau brasile
Mato ele com o meu cão brasile

Se ele for branco ou azul oue
Se ele for preto ou azul oue
Se azul for o sangue índioe

Quem vai me defender se euíndio
Morder a sua mulherflower?

Néctar aos animistas

ARENGA

O menino saiu da árvore
E não aconteceu nada com
Ele a não ser os dois braços
Saídos da árvore e quebrados
E não aconteceu nada com
Ele a não ser as duas pernas
Saídas da árvore e quebradas

A mãe do menino da sua mãe
Que foiçava a árvore e vivia
Lenheira natural selvagem
Iridescente amarfanhada emaranhada
Luzidia andrógina e alienígena

A mãe do menino da sua mãe
Que foiçava a árvore e vivia
Lenheira estranha indecifrável
E o menino da sua mãe

Grunhia em vez de falar
Os braços quebrados
As pernas quebradas

E gemia um gemer
O menino da sua mãe

Quebrado, alquebrado
Um gemer passarinho

ACAUÃS

O menino da sua mãe
Tinha uma mãe que
Era a sua filha
Tinha uma filha que
Era a sua mãe

O menino abriu o peito
E a mãe tirou o coração

A mãe abriu o peito
E o menino tirou o coração

Os dois corações se beijaram
E o menino caminhou de volta
Ao paraíso enquanto a mãe,

Serpente, fechava lentamente
As pernas que sangravam acauãs

ARA PUKA

Ao redor do corpo
Crescia a medusa
E o corpo se perdia
Ao redor do corpo
E a medusa se perdia
Ao redor do corpo

Ao redor da medusa
Nascia o infinito
E a medusa se perdia
Ao redor do prisma

Ao redor do prisma
O corpo ara puka, jardim geena

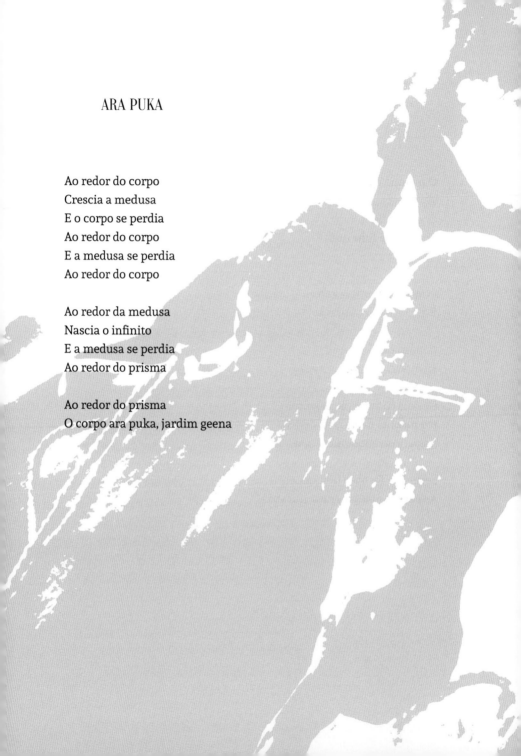

ANIMALIDADE

Devem ter sido eles
Que chegaram assim
Devem ter sido elas
Que chegaram assim

Todos devem ter
Chegado assim, juntos

E meteram os pés, lontra
Contra os pregos
E mesmo machucadas
As plantas e as solas
Que ainda sangram, lontras

Não traíram a sua cultura, lontra-
Lontras imoladas aos deuses

Είμαι ένα ελληνικό θεός!

PIQUENIQUE NO CORGO DO CAVALO

Ziguezague e
o menino da sua mãe
não sabre zanzar e zanza feito animal
não sabre grunhir e grunhe feito animal
não sabre andar e anda feito um cachorro
não sabre latir e late feito um cachorro
não sabre voar e voa feito um pássaro
não sabre cantar e canta feito um pássaro
não sabre dormir e dorme feito a noite
não sabre nada e vive feito um nada
não sabre sequer escrever o seu próprio nome
e escreve o seu nome nas árvores
e as árvores se arvoram e ele escreve sem as mãos apenas com as íris retinas
não sabre sequer a diferença entre preto e branco e vira anu e vira colibri
não sabre plantar uma muda que seja de onze horas e nascem onze horas
assim ele o menino da sua mãe passa a tarde vendo a própria tarde e ele
o menino da sua mãe escuta a sua mãe na pradaria e ele
o menino da sua mãe penetra lentamente a floresta
e arranca como se arranca o fundo de lá

∞ crepúsculos para a ceia dos milagres
enquanto a sua mãe espera por ele
e as lenhas nos cabelos e os saibros e os seixos nas mãos

Ziguezague e
lusco-fusco no Corgo do Cavalo

GARDENS SELVAGENS

Não tenho palavras para escrever.
As mãos foram plantadas e também
Plantados foram os braços e também
Plantados foram os cabelos e também
Plantados foram os pensamentos,

Portanto, não tenho letras para as palavras.
Os livros foram plantados e também
Plantados foram os poemas e também
Plantados foram as linhas as parábolas
As metáforas e os últimos dias no calvário

O menino da sua mãe
O jardim getsêmani

A fonte de Giom, jia, jia, jia,

SER NATURAL

Vede, vede, verde, verde, vede
Seria, então, uma manhã comum
Como, afinal, as manhãs abelhas

Vede, vede, verde, verde, vede
Seria, então, uma tarde comum
Como, afinal, as tardes abelhas

Verde, verde, vede, vede, verde
Mas não seria, naturalmente, a
Manhã comum a manhã cardume

Verde, verde, vede, vede, verde
Mas não seria, naturalmente, a
Tarde comum a tarde cardume

Verde, verde, verde, verde, vede
Portanto, aquele dia se perdeu
E a noite dormiu feito criança

Vede o espantalho na cruz vede
Verde nascer sem pensar e assim

Vede, verde, dormir até morrer

O ARQUEIRO

o menino tem medo de ver o menino
medo de ver o seu corpo e ver um corpo
um ser semelhante ao filho do sol

o menino tem medo de ler o menino
medo de ler o seu corpo e ler um corpo
um ser semelhante ao filho do sol

um ente filho do sol feito o sol
o menino tem medo de abrir os olhos
e deixar que eles os olhos reflitam

o menino clamor pela mãe e a mãe
clamor por ele o menino da sua mãe

o menino clamor pelo pai e o pai
clamor por ele o menino da sua mãe

e ninguém responde
e ninguém responde

a não ser a natureza
e o arqueiro

ÍNDICE

ZUT

OH CAHTAHRAHKWYH 5
SUDÁRIO 6
MENINO JESUS É REI 7
Cl4 8
ETNOPOEM 10
ARCO-ÍRIS 11
ÇÃO POEMA 12
A VIDA DAS PALAVRAS 13
OX 14
A CISTERNA 15
TRANSE 16
ENTE 17
ROUBADOR 18
LUZIDIO 19
KARAPINA 20
NADA TÁES GADOLI 21
NAÍ 22
SEXOPLANTAE 23
OCAVAL 24
ALONE 25
LUXÍFERO 26
AZESTRELAS 27
X 28
GROOVE 29
O NÓ ETERNO 30

EKSTASY 31
O ANIMAL 32
OGAMBÁ 33
ETCÉTER 34
ÉÉÉ 35
& 36
ZABRA 37
LINCE 38
TU, YOU-YOU 39
FLOR-RESTA 40
O BEIJO DE RAINBOW 41
CABEÇA 42
O MENINO ZANZADO 43
O PARAÍSO BRANCO 44
MANDRÁGORA 45
O PRAZER DA TEZ 46
AMÉRICA 47
LÁLÁLÁ 48
CHÃO 49
TERRA 50
O MENINO PERDIDO 51
PLANTAE O CORAÇÃO 52
ÁGUA 53
ZOORMIGA FATRAS 54
NOA 55
EU E VOCÊ 56
PYSICOSE 57
VVV 58
ZUT 59
O DESERTOR 60
ATILHO 61

AATOPIAA 62
NÃOÍNDIO 63
FOZFONTE 64
ORAÇÃO 65
NÃOLÍNGUA 66
POESIA 67
EU TE ÓDIO 68
ORTIZIU 69
CANTOCHÃO DO BRAZIL 70
QUIMERA 71
O LOBO AZUL 72
O EGÍPCIO MORTO 73
WATTIEZAS 74
SUNFLOWER 75

O MENINO DA SUA MÃE

CONSTELAÇÃO 95
AMNION 96
MULUS 97
ANIMALISTA 98
O SARILHO 99
COIVARA 100
VADIICE NO JARDIM GEENA 101
PROTOPOETRY 102
SEXO PANACEA 103
LAZÚLI 104
FANTASIA 105
HÓSTIA 106
OVERDOSE 107
SELVAGERIA 108

CARDUME E GIRINOS 109
VÍRGULA 110
NUMES 111
O ESPÍRITO MARABÁ 112
COMPLEXO OCAPI 113
ÓDIO DE PERDIÇÃO 114
TUPIS E GUARANIS 115
NOEMA 116
ARENGA 117
ACAUÃS 118
ARA PUKA 119
ANIMALIDADE 120
PIQUENIQUE NO CORGO DO CAVALO 121
GARDENS SELVAGENS 122
SER NATURAL 123
O ARQUEIRO 124

O poeta, performer e ativista pró-poesia Djami Sezostre nasceu no dia 30 de abril de 1971, em Rio Paranaíba, Minas Gerais, Brasil. Estreou em 1986 com o poema/livro Lágrimas & orgasmos, desde então, publicou dezenas de obras de poesia, dentre as quais estão Anu, Arranjos de pássaros e flores, Estilhaços no lago de púrpura, Onze mil virgens e Yguarani. Traduzido para o espanhol, francês, italiano, inglês, alemão, finlandês, grego, húngaro e búlgaro. Em suas performances, queimou, rasgou e comeu livros; usou rosas e outros elementos como imagens da natureza em diálogo com o corpo e o espaço. Por seu modo próprio de sonorizar e representar a poesia, criou a Poesia Biossonora, que teve como resultados ecoperformances apresentadas na América, Europa e África, além dos CDs Musicacha, Neonão e Muscai, que dissolvem fronteiras entre a música e a poesia. Viajou a países lusófonos para pesquisar a literatura produzida em língua portuguesa e publicou o resultado desse trabalho na contraantologia Portuguesia: Minas entre os povos da mesma língua, antropologia de uma poética, com 101 poetas de Portugal, Guiné-Bissau, Cabo Verde e Brasil. Idealizou e empreendeu durante onze anos o Encontro Internacional de Leitura, Vivência e Memória de Poesia Terças Poéticas, sediado no Palácio das Artes em Belo Horizonte, Minas Gerais, com cerca de 500 edições nas quais se apresentaram artistas e escritores das mais diversas ascendências estéticas. Organizou as antologias o Achamento de Portugal, Terças Poéticas: Jardins Internos, o Amor no terceiro milênio etc. Participou dos livros Antologia da Nova Poesia Brasileira (Olga Savary), A Poesia Mineira no Século XX (Assis Brasil), Poesia Sempre Minas Gerais (Afonso Henriques Neto), Dicionário Biobibliográfico de Escritores Mineiros (Constância Lima Duarte), Oiro de Minas: a nova poesia das Gerais (Prisca Agustoni) etc. Apresenta o programa de radioarte Tropofonia (Prêmio Roquette-Pinto/2010/ARPUB e MinC), rádio Educativa 104,5 UFMG (Universidade Federal de Minas Gerais).

Copyright © Crivo Editorial, 11.2016

ZUT © Djami Sezostre, 11.2016

Edição: Haley Caldas, Rodrigo Cordeiro e Lucas Maroca de Castro

Imagens Djami Sezostre em Rio Paranaíba: Ivan Domingues

Projeto Gráfico: Haley Caldas

Revisão: Djami Sezostre

...

S522z   Sezostre, Djami.

Zut / Djami Sezostre ; revisão: Djami Sezostre; projeto gráfico: Haley Caldas. – Belo Horizonte : Crivo Editorial, 2016.

144 p. : il., fots., color, p&b., + 1 CD-ROM.

Inclui CD-ROM com versão sonora do livro.

ISBN: 978-85-66019-43-8

1. Poesia brasileira. 2. Poesia – Brasil. 3. Literatura brasileira. 4. Literatura e fotografia. I. Sezostre, Djami. II. Caldas, Haley. III. Título.

CDD: B869.1

CDU: 869.0(81)-1

...

Crivo Editorial

Rua Fernandes Tourinho, 602, sala 502

30.112-000 - Funcionários - Belo Horizonte - MG

www.crivoeditorial.com

contato@crivoeditorial.com

facebook.com/crivoeditorial